まちごとチャイナ

Hebei 001 Hebei

はじめての河北省

石家荘・承徳・秦皇島・張家口

Asia City Guide Production

【白地図】河北省

CHINA
河北省

河北省

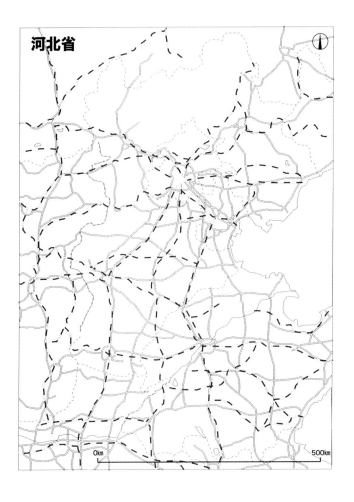

Hebei 白地図

【白地図】石家荘

河北省

石家荘

Hebei 白地図

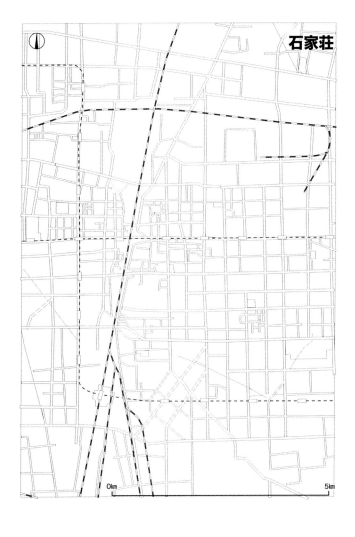

【白地図】石家荘旧市街

CHINA
河北省

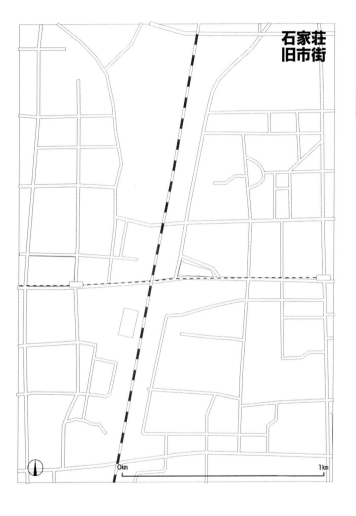

石家荘旧市街

Hebei 白地図

【白地図】石家荘郊外

CHINA
河北省

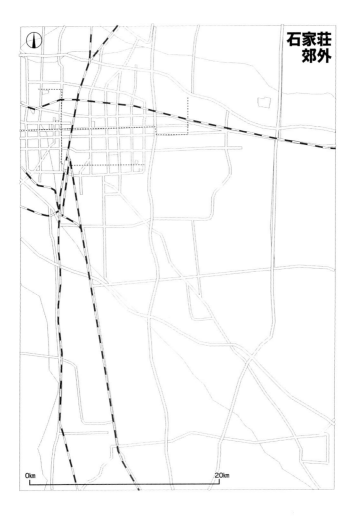

【白地図】正定

CHINA
河北省

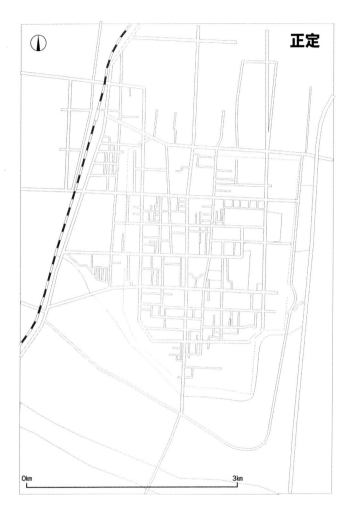

【白地図】承徳

CHINA
河北省

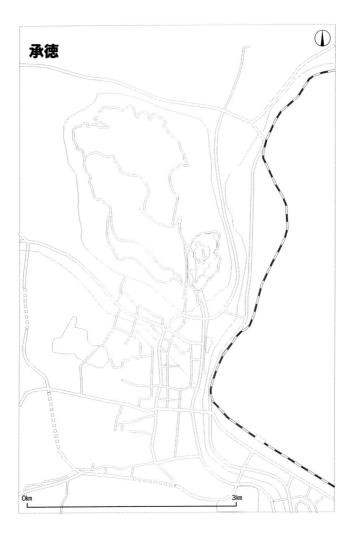

【白地図】避暑山荘

CHINA
河北省

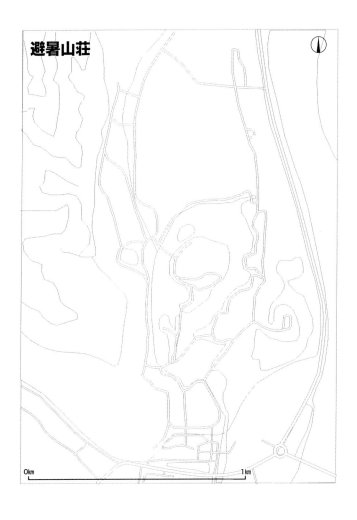

避暑山荘

Hebei

白地図

0km　1km

【白地図】普陀宗乗之廟

CHINA
河北省

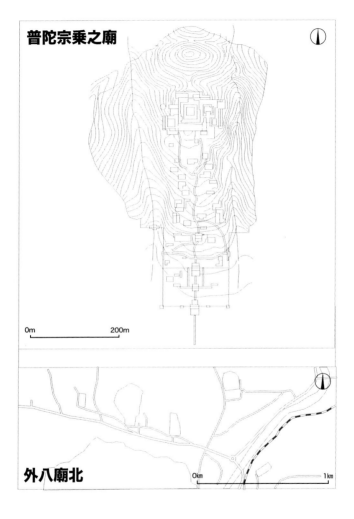

【白地図】秦皇島

CHINA
河北省

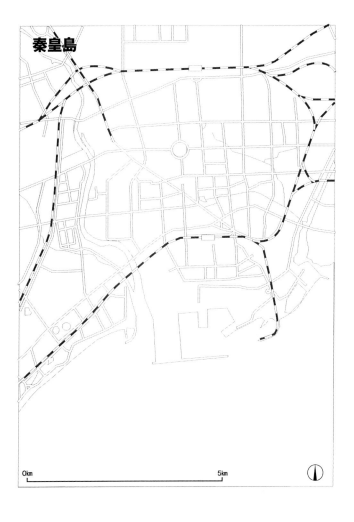

【白地図】秦皇島郊外（山海関・北戴河）

CHINA
河北省

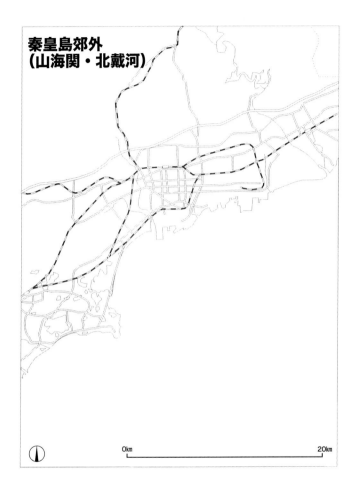

【白地図】張家口

CHINA
河北省

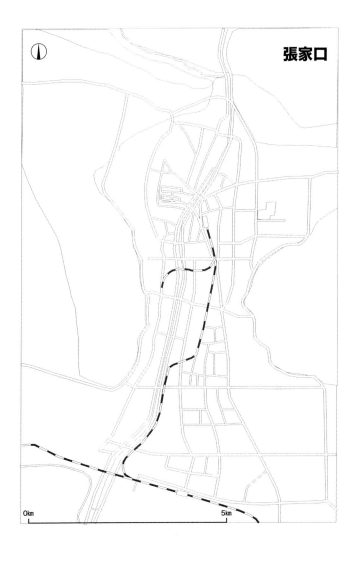

【白地図】張家口堡

河北省

CHINA
河北省

【まちごとチャイナ】
河北省 001 はじめての河北省
河北省 002 石家荘
河北省 003 秦皇島
河北省 004 承徳
河北省 005 張家口
河北省 006 保定
河北省 007 邯鄲

　政治、経済の中心地で省都の「石家荘」、清朝皇帝の避暑地がおかれた「承徳」、万里の長城が走る「張家口」、始皇帝が不老不死を求めた「秦皇島」といった街を抱える河北省。北はモンゴル高原、東は渤海、南は黄河、西は太行山脈に続く多彩な自然と文化をもつ省と知られる。

　この地は中国でももっとも古い時代から営みが見られ、春秋戦国時代（〜紀元前221年）、趙の邯鄲、燕の下都、中山国霊寿といった都があった。時代はくだって元(1271〜1368年)が北京を都として以来、中央直轄の近畿地方となり、明（1368

はじめての河北省
河北省 hé běi shěng ハァアベイシェン

He Bei Sheng

〜1644年）代には北直隷、清（1616〜1912年）代には直隷省がおかれて、数ある中国の省のなかでも一際高い格式を誇っていた。

　1949年の中華人民共和国設立後、省の統廃合をへて現在の河北省が確定し、河北省とは「黄河の北の地」を意味する。首都北京と港町天津というふたつの直轄市をぐるりととり囲み、隣接する北京、天津と河北省をあわせた大首都圏構想も進められている。

【まちごとチャイナ】

河北省 001 はじめての河北省

目次

はじめての河北省……………………………………………xvi

河北省は中国の京畿 ……………………………………xxxii

石家荘城市案内 …………………………………………xli

石家荘郊外城市案内 ……………………………………liii

海と山河多様な世界……………………………………lxiv

承徳城市案内 ……………………………………………lxx

秦皇島城市案内 …………………………………………xciv

張家口城市案内 …………………………………………cx

河北省こぼればなし……………………………………cxxiv

【MEMO】

【地図】河北省

【地図】河北省の [★★★]
- [ ] 承徳 承德チァンダアァ
- [ ] 山海関（天下第一関）山海关シャンハイグゥアン
- [ ] 張家口 张家口チャンジィアコウ
- [ ] 正定 正定チェンディン

【地図】河北省の [★★☆]
- [ ] 石家荘 石家庄シイジィアチュゥアン
- [ ] 秦皇島 秦皇岛チィンフゥアンダァオ

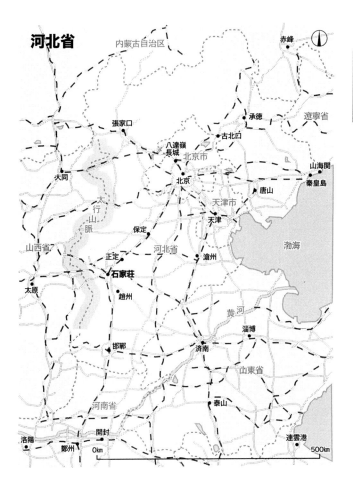

CHINA
河北省

河北省は中国の京畿

北京の周囲をとり囲む
「C」の字型をした河北省
かつて直隷省と呼ばれた由緒正しい地

都に近い近畿地方

河北省をさして使われる「京畿」や「近畿」といった言葉は、皇帝の暮らす首都（北京）の周囲に位置することに由来する。北京をぐるりととり囲む他では見られない特異な河北省の地理も、この近畿地方という性格から形成された。モンゴルの元代には「大都路（中書省の直轄地）」、明代は「北直隷」、清代には「直隷省」がおかれ、いずれも中央に懸かる格式高い行政区画だった（清朝皇帝陵墓は北京の東西郊外、河北省遵化「清東陵」と河北省易県「清西陵」にあり、世界遺産に指定されている）。現在、河北省は北京や天津の後背地として、

Hebei 河北省は中国の京畿

エネルギーをつくる鉱物や天然資源、農産物などの食料、人材や労働力の供給地となっている。

豊穣の歴史

漢民族の祖先にあげられる黄帝が、琢鹿の戦いで蚩尤を破って都をおいた場所は、河北省北部だとされる（中国古代神話）。春秋戦国時代、中華随一の繁栄を見せた趙の都「邯鄲」、戦国七雄の都のなかでも最大規模だった「燕下都」は河北省の領域にふくまれる。また太行山脈の東麓は、南北の交通路にあたり、五胡十六国（304〜439年）時代、河北の地に北方民族が流入

CHINA
河北省

▲左 河北省には豊富な文化財が残る、承徳にて。　▲右 鉄道の敷設とともに発展した石家荘

して、「胡漢雑戸の地」と言われるようになった。同じ華北でも太行山脈をはさんで、山西側の長安（西安）とは異なる気風をもち、安禄山の乱（755〜763年）以後の唐代は朝廷に対して半独立状態をたもつ河朔三鎮があり、独自の仏教文化が栄えた。続く北宋代には河北の北半分は北方民族の遼の版図に入ったことから、河北を分断するように国境線が走っていた。元、明、清代は首都北京の周囲で中央に直接懸かる京畿地方となり、現在の河北省の原型がかたちづくられた。こうした経緯から、河北省には文化史跡が豊富に残り、「滄州鉄獅子」「定州開元寺塔」「正定大菩薩」「趙州大石橋」が河北の四大名勝となっている。

【MEMO】

Hebei | 河北省は中国の京畿

河北省

多様な自然、多様な地理

山西省との省境を走る西の「太行山脈」、モンゴル高原に続く北の「燕山山脈」を抱える河北省。この西高東低の地形から、天津で渤海にそそぐ「海河」、その支流の「滹沱河」、北京を流れる永定河に合流する「洋河」、また河南省との省境あたりを流れる「黄河（河南省）」はいずれも西から東へ流れる。黄河や海河は流路を何度も変えながら、土砂を運び、河北平野がつくられた。そして、太行山脈や燕山山脈が平野に遷る扇状地に、石家荘、保定、邯鄲、また北京といった街が築かれている。河北省北部（冀北）の「燕山山脈」には万

▲左　中国を代表する避暑地の北戴河。　▲右　早朝体操をする人びと、張家口の展覧館前広場にて

Hebei 河北省は中国の京畿

里の長城が走り、北方民族と漢民族の境となってきたこともあり、モンゴル文化の影響も強い。一方、南部（冀南）は古くは中原と呼ばれた地で、このような多様な風土から、「（河北省は）五里異風、十里改俗」の言葉で知られた。東側で渤海に接するものの、陸地に対して海岸線の割合が少ないため、全体的に海の影響は受けづらい。乾燥した大陸性の気候をもち、暑い夏と厳しい冬というようにはっきりとした四季がめぐる。また北京と天津のあいだには飛び地となっている廊坊市も位置する。

河北省

「冀州・直隷・河北」名前の変遷

河北省の古名「冀」は、中国最古の地理書『禹貢（書経）』に記された九州のひとつ「冀州」からとられている。この冀州は現在の河北省、河南省、山西省などにあたり、中華文明の中心地のひとつであった。唐代の7世紀、「黄河の北（河北）」を意味する「河北道（宋代の河北路）」がおかれ、この地名がのちの省名につながった。宋以後の元・明・清はいずれも北京を都としたため、「黄河の北（河北）」という性格は、「首都の周囲（近畿）」という性格に変わった。とくに明清時代、中央に直接懸かる「直隷の地」とされ、清代の河北省は

Hebei 河北省は中国の京畿

直隷省と呼ばれていた。中華民国時代の 1928 年に直隷省は河北省と改められ、以後、中華人民共和国成立後、河北北部にあった察哈爾省と熱河省の一部をあわせて現在の河北省が形成された。

【MEMO】

Guide, Shi Jia Zhuang
石家荘
城市案内

1901年、93戸532人の暮らすばかりだった石家荘
1949年には人口27万8000人となり
たった50年で大都市に成長した

石家荘 石家庄
shí jiā zhuāng シイジィアチュゥアン ［★★☆］

河北省の省都で、政治、経済、情報の先進地の石家荘。北京と中原を結ぶ街道と、太行山脈を越える主要ルートの井陘関をひかえる要衝にあたり、古くは石家荘北15kmの正定と南東45kmの趙州がこの地方の中心だった。一方、石家荘の地には、20世紀初頭までは人口500人ほどの集落があるばかりだったが、1904年の京漢（南北）鉄道、1907年の正太（東西）鉄道の開通にあわせて急速に発展がはじまった。1925年、近くの農村地帯をあわせ、休門と石家荘の名前をとって

【地図】石家荘

【地図】石家荘の [★★☆]
- [ ] 石家荘 石家庄 シイジィアチュゥアン
- [ ] 石家荘旧駅 石家庄站旧址 シイジィアチュゥアンチャンジィウチイ

【地図】石家荘の [★☆☆]
- [ ] 中山東路 中山东路 チョンシャンドォンルウ
- [ ] 河北省博物館 河北省博物馆 ハァベイシェンボオウグゥアン
- [ ] 石家荘電視塔 石家庄电视塔 シイジィアチュゥアンディエンシイタア

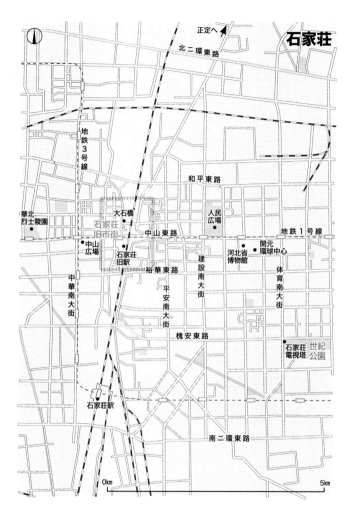

【地図】石家荘旧市街

【地図】石家荘旧市街の [★★☆]
- ☐ 石家荘 石家庄シイジィアチュゥアン
- ☐ 石家荘旧駅 石家庄站旧址 シイジィアチュゥアンチャンジィウチイ

【地図】石家荘旧市街の [★☆☆]
- ☐ 中山東路 中山东路チョンシャンドォンルウ

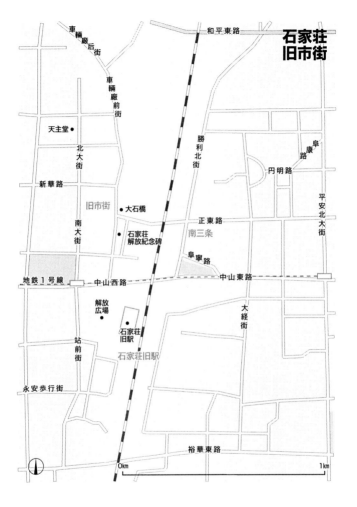

石家荘旧市街

Hebei　石家荘城市案内

CHINA
河北省

石門市（現在の石家荘）が生まれ、省内省外問わず、仕事と機会を求めて多くの人びとが流入した。以後、石家荘近郊で産出される綿花をもとにした紡績業、製粉、機械や鉄鋼、製薬工場などを産業として、急速に街は拡大した。他の街にくらべて歴史はないものの、省内最大の都市へと成長をとげたことから、1968年以来、石家荘は河北省の省都となっている。また1949年の中華人民共和国成立以前、太行山脈を拠点に活動を続けていた中国共産党が解放したはじめての大都市でもあり、石家荘は中国共産党にとって重要な意味をもつ。

▲左　中山東路は石家荘の目抜き通り。　▲右　河北省博物館で見られた展示

石家荘旧駅 石家庄站旧址 shí jiā zhuāng zhàn jiù zhǐ
シイジィアチュゥアンチャンジィウチイ ［★★☆］

1903年に建てられた石家荘旧駅（現在の石家荘駅は市街南部に遷っている）。1904年に開通した中国南北を結ぶ「京漢鉄道」、それと交差するように1907年に敷設された「正太鉄道」の交わる停車場だった。北京や上海といった街と違って、石家荘はこの石家荘旧駅を中心に放射状に街が形成されていった（北京や西安では、鉄道駅は城壁に囲まれた街の外に築かれた）。石家荘旧駅前は解放広場となっていて、周囲に石家荘旧市街が広がる。正太鉄道の開通にあわせて1907年

河北省

に架橋された「大石橋」、昔ながらの街並みを残す「永安歩行街」も残る。

中山東路 中山东路
zhōng shān dōng lù チョンシャンドォンルウ [★☆☆]
石家荘中心部を東西に走る目抜き通りの中山路。石家荘旧駅を境に東側を「中山東路」、西側を「中山西路」と言う。通り沿いには勒泰中心、北国商城、新天地商城、東方新世界中心といった大型商業施設が立つほか、市民の憩いの場の人民広場も位置する。

▲左　ビールが進む、石家荘旧駅近くの屋台街にて。　▲右　省都らしく大型現代建築も多く見られる

河北省博物館 河北省博物馆 hé běi shěng bó wù guǎn
ハァベイシェンボオウウグゥアン ［★☆☆］

石家荘中心部に立つ河北省博物館。戦国時代の燕下都から発掘された「慷慨悲歌〜燕趙故事」、遊牧民白狄の建てた中山国の礼器や装飾品をあつかう「戦国雄風〜古中山国」、漢代王族の満城漢墓から発掘された玉や金銀の見られる「大漢絶唱〜満城漢墓」といった展示がならぶ。石家荘が省都となって以降の1986年に現在の姿となり、周囲には河北省博物館新館、河北省図書館、国際博覧中心、開元環球中心などの公共施設や高層ビルが立つ。

河北省

石家荘電視塔 石家庄电视塔
shí jiā zhuāng diàn shì tǎ
シイジィアチュゥアンディエンシイタア [★☆☆]

新たな石家荘のモニュメントとして2000年に完成した高さ280mの石家荘電視塔。上海の東方明珠塔を思わせる外観をもち、上部に展望台が備えられている。石家荘市街南東部の世紀公園に位置する。

【MEMO】

Guide,
Shi Jia Zhuang Jiao Qu
石家荘郊外
城市案内

真定、常山、恒山の名でも呼ばれてきた古都
正定という名前は清代の1723年に定着した
また石家荘南東郊外には見事な趙州橋が残る

正定 正定 zhèng dìng チェンディン ［★★★］

20世紀に入って石家荘が発展する以前、この地方の中心都市だった正定。唐代の安史の乱（755～763年）では、戦場となり、その後、河朔三鎮「成徳節度使」の都として唐朝に対して独立的な立場をとった。そのため、唐朝の廃仏を受けることなく、仏教文化が咲き誇り、続く元代、明清時代は華北有数の繁栄をしていたと伝えられる（穀物や綿花などの物資や家畜が集散された）。20世紀に入ると石家荘にその座をゆずり、現在は仏教寺院や仏塔が残る古都となっている。

【地図】石家荘郊外

【地図】石家荘郊外の [★★★]
- [ ] 正定 正定 チェンディン

【地図】石家荘郊外の [★★☆]
- [ ] 石家荘 石家庄 シイジィアチュゥアン
- [ ] 石家荘旧駅 石家庄站旧址 シイジィアチュゥアンチャンジィウチイ
- [ ] 趙州橋 赵州桥 チャオチョウチャオ

【地図】石家荘郊外の [★☆☆]
- [ ] 石家荘電視塔 石家庄电视塔 シイジィアチュゥアンディエンシイタア

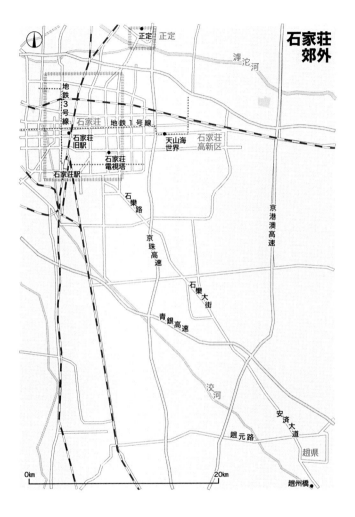

石家荘郊外

石家荘郊外城市案内

【地図】正定

【地図】正定の [★★★]
- [ ] 正定 正定チェンディン
- [ ] 隆興寺 隆兴寺ロォンシィンスウ

【地図】正定の [★★☆]
- [ ] 臨済寺澄霊塔 临济寺澄灵塔 リンジイスウチェンリィンタア

【地図】正定の [★☆☆]
- [ ] 趙雲廟 赵云庙チャオユゥンミャオ
- [ ] 開元寺 开元寺カァイユゥエンスウ
- [ ] 広恵寺華塔 广惠寺华塔グゥアンフイスウフゥアタア

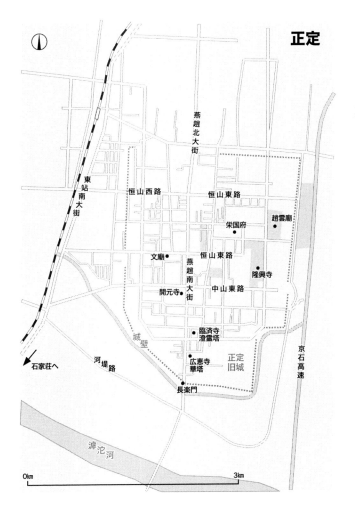

河北省

隆興寺 隆兴寺 lóng xìng sì ロォンシィンスウ ［★★★］

正定を代表する仏教古刹の隆興寺。隋代の586年に創建され、その後、大きく改修された宋代（971年）の伽藍様式を今に伝える。1052年創建の十字型のプランをもつ「摩尼殿」、高さ19.2mの大悲菩薩（千手千眼観音）を安置する「大悲閣」、隋代の586年に刻まれた「龍蔵寺碑」などが残る。

趙雲廟 赵云庙 zhào yún miào チャオユゥンミャオ［★☆☆］

常山郡真定県（正定）の人で、三国志の英雄のひとり趙雲子龍をまつった趙雲廟。関羽、張飛とともに蜀（3世紀）の劉

▲左　劉備玄徳のそばに立つ趙雲子龍。　▲右　華北を代表する古刹の隆興寺

備玄徳を支え、この廟は1996年に「趙雲故郷」として整備された。

開元寺 开元寺 kāi yuán sì カァイユゥエンスウ ［★☆☆］

正定開元寺は591年に創建された仏教寺院で、738年、唐の玄宗皇帝の命で開元寺となった（開元年間、全国各地に開元寺が築かれた）。伽藍は消失しているものの、867年に建てられた開元寺磚塔は、高さ48m、九層の姿を見せる。

河北省

臨済寺澄霊塔 临济寺澄灵塔
lín jì sì chéng líng tǎ リンジイスウチェンリィンタア[★★☆]

「中国臨済宗の開祖」臨済義玄ゆかりの臨済寺澄霊塔。臨済義玄（～867年）は正定滹沱河のほとりに小院を開き、臨済とは滹沱河の「渡し場（済）に臨む」を意味する。当時の正定は河朔三鎮と呼ばれる新興の藩鎮（軍人）の勢力下にあり、その王常侍が臨済に説法を願い、ここで新しい仏教禅宗が説かれた（弟子たちによって臨済宗は広がっていった）。臨済寺澄霊塔は八角九層、高さ30mで臨済義玄の遺骨をまつる。

▲左　正定はかつて北京、保定とならび称されるほどの都だった。　▲右
臨済義玄の遺骨をおさめる臨済寺澄霊塔

広恵寺華塔 广惠寺华塔
guǎng huì sì huá tǎ グゥアンフイスウフゥアタア [★☆☆]

唐代の貞元年間（976 〜 978 年）に建てられた高さ 40.5m の広恵寺華塔。上層部が円すい形の塔身となっているこの塔のみが残り、広恵寺の伽藍は消失している。

CHINA
河北省

趙州橋 赵州桥 zhào zhōu qiáo チャオチョウチャオ［★★☆］
石家荘の南東45km、洨河にかかる見事な石づくりの趙州橋。隋代の605年ごろ完成し、この橋を渡って旅人は中原へ向かった。見事なアーチを描く趙州橋は、世界最古の開孔アーチでもあり、37.02mの梁間は700年のあいだ世界最長だった。河の流れの抵抗をなくすように機能的に設計されていて、20世紀末ごろまでほとんどそのままの状態で使われていた。橋のそばには、趙州橋を設計した李春の白い石像も立つ。

海と山河 多様な世界

CHINA
河北省

始皇帝の求めた神仙が棲むという渤海
万里の長城の走る燕山山脈
中国有数の多彩な自然を抱える河北省

海と河北省

河北省を流れる河川のすべては渤海にそそぐ。この渤海は遼東半島と山東半島に囲まれ、中国四海のなかでももっとも小さいものの、黄河が流れこむことため古くから知られてきた（渤海、黄海、東海、南海が四海）。渤海ではしばしば蜃気楼が見られ、斉や燕の方士はそれを神仙の棲む蓬莱、瀛洲、方丈の三神山であると考えた。この神仙を求めたのが秦の始皇帝（紀元前259〜前210年）で、河北省海岸地帯の秦皇島や北戴河には始皇帝伝説が残り、当時の遺構も出土している。秦皇島郊外の山海関で万里の長城は渤海へ沈んでいき、また

Hebei 海と山河多様な世界

夏の北戴河では中国の政治指導者が勢ぞろいする北戴河会議が開かれる。河北省全体に占める海岸線の割合は低いため、海岸から吹くモンスーンはじめ気候的な影響はそれほどなく、河北省は全体的に大陸性の気候をもつ。

平野と河北省

石家荘や保定、邯鄲といった街の位置する冀中から冀南にかけて広がる河北平野。黄河や海河の運ぶ土砂の堆積で形成され、標高50m以下の沖積平野が続く（北は天津、南は淮河に流れるなど、黄河はこれまで大きく26回流れを変え、そ

CHINA
河北省

のなかで平野がつくられた)。河北平野は肥沃な土壌で農業に適していたことから、漢代以来、耕作が進み、小麦、とうもろこし、コーリャン、粟、黍、綿花などが栽培されてきた。北東部の平原で「とうもろこし」、湿地帯で「コーリャン」、桑乾河ほとりで「粟」というようにそれぞれの地域で、栽培物が異なり、綿花の産地に近かった石家荘は近代の工業化もあって急速な成長をとげた。これら河北省で産出される穀物は、饅頭や麺を主食とする河北の人びとばかりでなく、北京や天津への食料供給源となっている。

▲左 河北省は乾燥した大陸性の気候をもつ。 ▲右 不老不死神話も語られてきた渤海

高原と河北省

「伯楽一たび冀北の野を過ぎて馬群遂に空し(名君が立つと在野の賢人はみなそれに仕える)」ということわざからは、冀北(河北省北部)が名馬の産地であったことがうかがえる。河北省北部を東西に走る燕山山脈にそって万里の長城が築かれ、この地は北方騎馬民族と漢民族が接する地でもあった(紀元前、邯鄲を都とする趙の武霊王は、北方民族の胡服騎射をとり入れて趙を強国とした)。河北省では張家口や承徳がモンゴル高原に隣接し、万里の長城の走る張家口、長城外に位置し、世界遺産の避暑山荘や外八廟が残る承徳は、ともにモ

CHINA
河北省

ンゴル文化やチベット文化が色濃い街と知られる。また河北省北部の長城線地帯(蒙疆)は、戦前、満州国を樹立した日本が中国本土からの分離工作を進めた地域でもあった。かつて張家口を都とする「察哈爾省」、承徳を都とする「熱河省」がおかれていたが、1949年の中華人民共和国成立後、これらの省は消滅し、河北省に再編された。

Guide, Cheng De
承徳城市案内

CHINA
河北省

モンゴル文字、ウイグル文字、漢字
チベット文字、満州文字で記された扁額
承徳は清朝のすべてが再現された街

承徳 承徳 chéng dé チァンダアァ

清朝皇帝の夏の離宮「避暑山荘」の位置する承徳。古くはこの街を流れる武烈河が冬でも暖かいことから、「熱河」の地名で知られていた。故地満州に近い長城外でしばしば狩猟を行なっていた清朝第4代康熙帝は、1703年、四方を山に囲まれ、冬でも暖かい水（熱河）の流れるこの地に、離宮の建設を命じた。以後、孫の第6代乾隆帝時代まで90年に渡って大規模な宮殿、チベット仏教寺院の建設が続いた。そして、清朝を構成するモンゴル族やチベット族といった藩部の諸侯に対して、清朝皇帝が接するもうひとつの首都という性格を

承徳城市案内

もっていた(清朝皇帝は、漢族には儒教的な皇帝として、モンゴル族にはチンギス・ハン以来の大ハーンとして、チベット族にはチベット仏教の大施主としてのぞんだ)。また戦前の1933年、日本が熱河作戦で承徳を中心とする熱河省を満州国に編入したという経緯もある。現在、第4代康熙帝から第6代乾隆帝という清朝黄金時代に築かれた承徳避暑山荘と外八廟は、世界遺産に指定されている。

【地図】承徳

【地図】承徳の [★★★]
- [ ] 承徳 承徳チァンダァア
- [ ] 避暑山荘 避暑山庄ビイシュウシャンチュゥアン
- [ ] 外八廟 外八庙ワァイバアミャオ
- [ ] 普陀宗乗之廟 普陀宗乘之庙
  プゥトゥオツォンチャンチイミャオ
- [ ] 普寧寺 普宁寺プゥニィンスウ

【地図】承徳の [★★☆]
- [ ] 宮殿区（避暑山荘）宫殿区ゴォンディエンチュウ
- [ ] 平原区（避暑山荘）平原区ピィンユゥエンチュウ
- [ ] 須弥福寿之廟 须弥福寿之庙
  スウミイフウショウチイミャオ
- [ ] 普楽寺 普乐寺プゥラアスウ

【地図】承徳の [★☆☆]
- [ ] 康熙銅像 康熙铜像カァンシイトォンシィアン
- [ ] 湖泊区（避暑山荘）湖泊区フウボオチュウ
- [ ] 山巒区（避暑山荘）山峦区シャンルゥアンチュウ
- [ ] 安遠廟 安远庙アンユゥエンミャオ
- [ ] 溥仁寺 溥仁寺プゥレンスウ

CHINA
河北省

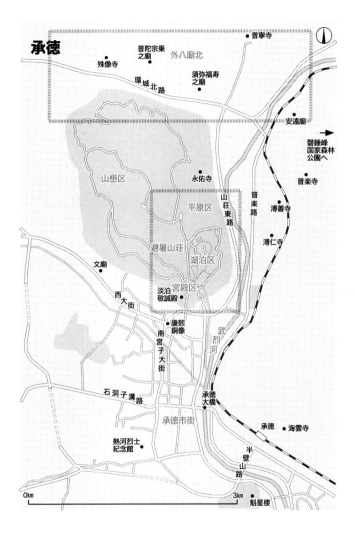

【地図】避暑山荘

【地図】避暑山荘の [★★★]
- [ ] 避暑山荘 避暑山庄ビイシュウシャンチュゥアン

【地図】避暑山荘の [★★☆]
- [ ] 宮殿区 宮殿区ゴォンディエンチュウ
- [ ] 平原区 平原区ピィンユゥエンチュウ

【地図】避暑山荘の [★☆☆]
- [ ] 湖泊区 湖泊区フウボオチュウ
- [ ] 山巒区 山峦区シャンルゥアンチュウ

河北省

康熙銅像 康熙铜像
kāng xī tóng xiàng カァンシイトォンシィアン [★☆☆]

承徳市街中心部の火神廟環島に立つ康熙銅像。馬上に乗った彫像の清朝第4代康熙帝は、この街の創始者として知られる。また康熙帝像から西に向かって北京へ続く西大街、南の南営子大街というふたつの大通りが伸びる。承徳の古名を熱河と言ったが、1733年、「康熙帝の徳を継承」する「承徳」となった。

▲左　承徳はチベット仏教の文化が香る街。　▲右　避暑山荘の正門にあたる麗正門

避暑山荘 避暑山庄
bì shǔ shān zhuāng ビイシュウシャンチュゥアン [★★★]

承徳避暑山荘は街の大部分をしめる広大な敷地面積をもつ清朝時代の宮殿。北京の故宮（紫禁城）にいる皇帝が毎年6月ごろ〜9月ごろまでを過ごした夏の離宮で、1703年、康熙帝の命で築かれた。全長8kmの城壁で周囲を囲まれ、敷地内には北京の宮殿、江南の風景、モンゴルの草原などが再現されている。中国に現存する最大の庭園でもあり、清朝時代の宮殿群、自然の美をそのまま利用した園林をもち、周囲の外八廟と磬錘峰を借景とする。世界遺産に指定されている。

河北省

宮殿区 宮殿区 gōng diàn qū ゴォンディエンチュウ [★★☆]
夏のあいだ清朝皇帝が暮らし、政務をとった宮殿区。大小9つの中庭が奥に連続する様式で、「正宮」「松鶴斉」、現在なくなってしまった「東宮」から構成されていた。正宮は「麗正門」を正門とし、皇帝が政務をとった「澹泊敬誠殿（1754年、楠木で改築され、雨の日などは楠の木が香る）」、淡白敬誠殿の背後に位置する「四知書屋」、宮女たちが暮らした19の柱間をもつ「万歳照房」、避暑山荘正宮の内廷にあたった「烟波致爽殿」、外側の築山を階段代わりにして2階にのぼる「雲山勝地」へと続く。柱や宮殿内は彩色されておらず、自然の

素材を活かした質素なつくりとなっている。また乾隆帝時代の1749年にくわえられ、中華民国初期、湯玉麟の都督府があった「松鶴斎」、湖畔にのぞむ「万壑松風」が位置する。

湖泊区 湖泊区 **hú bó qū フウボオチュウ**［★☆☆］
宮殿区北側の如意湖、澄湖といった湖を中心に広がる湖泊区。江南の景色を再現する目的で造営され、広大な湖のほとりに亭や楼閣が点在する。堤上の3つのこぶりな亭が均等にならぶ「水心榭」、華北の四合院様式をもつ「月色江声」、杭州西湖の蘇堤に似せた「芝径雲堤」、湖泊区最大の島で延薫山館

河北省

などの景勝地が点在する「如意洲」、その北側に立つ「煙雨楼」、鎮江の金山が模された三層の「金山上帝閣」、承徳の古名の熱河の由来になった「熱河泉」が位置する。

平原区 平原区 píng yuán qū ピィンユゥエンチュウ［★★☆］
湖泊区の北側、草原の広がる平原区は、承徳避暑山荘でも重要な意味をもった場所。康熙帝や乾隆帝は清朝の軍事力をになったモンゴル族諸侯をここで歓待し、外国からの使節に謁見した。乾隆帝が1772年から10年の月日をかけて中国古今東西の書物を集成した『四庫全書』をおさめた「文津閣」、競馬、

▲左　世界遺産の承徳避暑山荘のなかでも一際目をひく永佑寺塔。　▲右　まるでポタラ宮の普陀宗乗之廟

モンゴル相撲、花火など盛大な大蒙古包宴が開かれた「万樹園」、モンゴル族の生活にあわせた移動式住居ゲル「蒙古包」、康熙帝をまつる1751年創建の「永佑寺」と八角、高さ66mの「永佑寺塔」などが位置する。清朝皇帝は北方の満州族を出自とし、遊牧民たちに対してチンギス・ハン以来の「大ハーン」として接したのがこの平原区だった。

山巒区 山峦区 shān luán qū シャンルゥアンチュウ [★☆☆]

避暑山荘の実に5分の4の面積を占める山巒区。四季折々の美しい景色が遷ろい、松雲峡、梨樹峪、松林峪、榛子峪といっ

河北省

た谷が走る。広大な敷地のなか、地形にそって楼閣や亭が点在する。

外八廟 外八庙 wài bā miào ワァイバアミャオ ［★★★］
外八廟は、北京の外（関外）にあることから名づけられた仏教寺院群。盆地承徳の地形にあわせ、避暑山荘をとり囲むように東から北に向かって点在する（本当は 12 の寺院があった）。これら外八廟には溥仁寺、溥善寺、殊像寺などの漢族の中国仏教寺院、普陀宗乗之廟、須弥福寿之廟といったチベット仏教寺院のほか、普寧寺、普佑寺、安遠廟、普楽寺な

ど、前方が中国仏教、後方がチベット仏教の様式をもつタイプがある。康熙帝時代の1713年から建設がはじまり、とくに華美を好む乾隆帝時代にチベット仏教の巨大寺院が建てられた。当時、乾隆帝は中央ユーラシアの諸民族を版図に加え、各地の建築をここ承徳に集めて、宗教で少数民族を統合する意図をもっていた。

普陀宗乗之廟 普陀宗乘之庙 pǔ tuó zōng chéng zhī miào
プウトゥオツォンチャンチイミャオ［★★★］

乾隆帝の60歳と母皇后の80歳を祝うために建てられ、1771

【地図】普陀宗乗之廟

【地図】普陀宗乗之廟の [★★★]
- [ ] 外八廟 外八庙ワァイバアミャオ
- [ ] 普陀宗乗之廟 普陀宗乘之庙 プウトゥオツォンチャンチイミャオ
- [ ] 普寧寺 普宁寺プウニィンスウ
- [ ] 避暑山荘 避暑山庄ビイシュウシャンチュゥアン

【地図】普陀宗乗之廟の [★★☆]
- [ ] 須弥福寿之廟 须弥福寿之庙 スウミイフウショウチイミャオ

【地図】普陀宗乗之廟の [★☆☆]
- [ ] 安遠廟 安远庙アンユゥエンミャオ

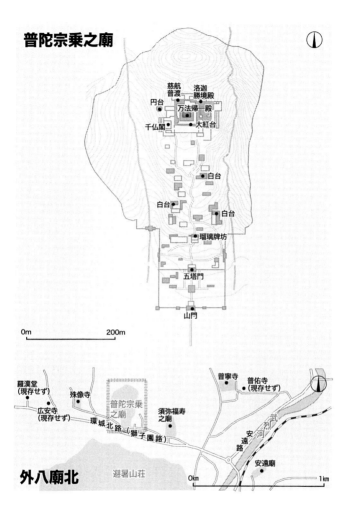

CHINA
河北省

年に完成した普陀宗乗之廟。外八廟でもっとも巨大なチベット仏教寺院で、ダライ・ラマの宮殿ポタラ宮（ラサ）が模されている。チベット風の紅と白の強烈な色彩、直線と平屋で構成された高さ43mの大紅台のほか、チベット仏教のマニ車、仏像、タンカ、法具などが見える。清朝皇帝はチベット仏教の大施主でもあった。

須弥福寿之廟 须弥福寿之庙 xū mí fú shòu zhī miào
スウミイフウショウチイミャオ ［★★☆］

チベット仏教のもうひとりの高僧パンチェン・ラマの暮らす

承徳城市案内

タシルンポ寺(シガツェ)が模された須弥福寿之廟。乾隆帝の70歳を祝う目的で1780年に建てられ、乾隆帝の招きに応じてこの地を訪れたパンチェン・ラマの行宮にもなった(外八廟の最後に完成している)。須弥福寿之廟とはチベット語のタシルンポ寺を漢訳したもので、「タシ」が「福寿」、「ルンポ」が「須弥(スメール山)」を意味する。中央にはチベット建築様式の大紅台(吉祥法喜殿)が立ち、寺院最奥には乾隆帝の生誕と長寿を祝う八角七層の万寿瑠璃宝塔がそびえる。

河北省

普寧寺 普宁寺 pǔ níng sì プウニィンスウ ［★★★］

中央アジアのジュンガル部を清朝が平定したことを記念して建てられた普寧寺(ジュンガル部の土地に、新疆がおかれた)。1755年、乾隆帝の命で建てられ、前方の鼓楼、天王殿、大雄宝殿は中国仏教寺院、大乗閣など後方はチベット仏教寺院の様式をもつ。とくに「凸」字型の大乗閣は、前からは6層、後ろからは4層、横からは5層に見える特異な建築となっている。大乗閣内部いっぱいに高さ22.28m、重さ110トンの巨大な千手観音像が立ち、この仏像から普寧寺は「大仏寺」の名前でも知られる。

▲左 巨大な大仏も見ることができる普寧寺。　▲右 清朝はチベット仏教で国をまとめようとした

安遠廟 安远庙 ān yuǎn miào アンユゥエンミャオ ［★☆☆］

1757年、承徳に移住してきたジュンガル部一派のために建てられた安遠廟。安遠廟は「遠きを安んじる」を意味し、ジュンガル部の故地イリのクルザ廟が模され、チベット式の基壇のうえに二層の楼閣が立つ。

普楽寺 普乐寺 pǔ lè sì プウラアスウ ［★★☆］

中央ユーラシアが清朝の版図となると、カザフ族、ウイグル族、キルギス族などのイスラム教徒も清朝に従った。普楽寺は1766年、こうした少数民族の人びとのために建てられた。

河北省

中心の旭光閣は北京の天壇を模した円形プランをもち、黄金の瑠璃瓦がふかれている。

溥仁寺 溥仁寺 pǔ rén sì プウレンスウ ［★☆☆］
康熙帝時代の1713年、外八廟ではじめて建立された仏教寺院の溥仁寺。康熙帝の60歳を祝ったモンゴルの諸侯たちの提案によるもので、溥仁寺北側には溥善寺が立ち、両者は対になっている。

磬錘峰国家森林公園 磬锤峰国家森林公园
qìng chuí fēng guó jiā sēn lín gōng yuán チィンチュイフェングゥオジィアセンリィンゴォンユゥエン [★☆☆]

棒槌山にそびえる磬錘峰一帯は森林公園として整備されている。岩のうえが太く、したがくびれた姿を見せる高さ38mの磬錘峰は、承徳中からのぞむことができる（またこの磬錘峰を避暑山荘庭園は借景とする）。

【MEMO】

**Guide,
Qin Huang Dao**

秦皇島
城市案内

CHINA
河北省

秦の始皇帝にまつわる
伝説が残る秦皇島
近くには山海関、北戴河も位置する

秦皇島 秦皇岛
qín huáng dǎo チィンフゥアンダァオ［★★☆］

遼寧省との省境近く、渤海にのぞむ港町の秦皇島。秦皇島という地名は、古く秦の始皇帝がこの地を訪れ、不老不死の仙薬を求めさせたという伝説に由来する。ただし、近代になるまでこのあたりの中心地は山海関で、とくに明（1368～1644年）代、万里の長城の東端となり、中華世界「関内」と異民族世界「関外」の境界だった（現在は河北省と遼寧省の省境となっている）。秦皇島が現在のような姿になったのは、清朝末期の1898年以降のことで、近くの開灤炭鉱から

Hebei 秦皇島城市案内

産出される石炭の積出港として発展した。秦皇島はかつて文字通り島だったが、やがて陸地とつながり、現在は新興の工業都市という性格をもつ。また19世紀末以来、秦皇島南西15kmの北戴河が避暑地として注目され、現在では中国を代表するリゾート地となっている。

【地図】秦皇島

【地図】秦皇島の [★★☆]
- 秦皇島 秦皇岛チィンフゥアンダァオ

【地図】秦皇島の [★☆☆]
- 秦皇求仙入海処 秦皇求仙入海处 チィンフゥアンチィウシィアンルゥハァイチュウ

CHINA
河北省

秦皇求仙入海処 秦皇求仙入海处
qín huáng qiú xiān rù hǎi chù
チィンフゥアンチィウシィアンルウハァイチュウ ［★☆☆］

紀元前215年、中華統一後の始皇帝がこの地に巡幸し、燕の盧生を仙人羨門高（もしくは羨門・高誓）のもとへ旅立たせたという伝説にもとづいた秦皇求仙入海処。渤海にのぞむ燕や斉の国では方術を使う方士が力をもち、方士たちの語る神仙の話に始皇帝は魅せられたという。秦皇求仙入海処あたりは陸と離れた独立した島（秦皇島）があったところで、秦皇島発祥の地でもある。

▲左　万里の長城の東の果て、老龍頭。　▲右　新興工業都市で開発の進む秦皇島

山海関（天下第一関）山海关
shān hǎi guān シャンハイグゥアン［★★★］

万里の長城の東端部にそびえ、「難攻不落の関所」と知られてきた山海関。山海関（山海衛）という名前は、北の燕山山脈（山）と南の渤海（海）のあいだに位置することから名づけられた。この地に万里の長城の東端がおかれたのは、6世紀の北斉（南北朝）時代とされ、明代の1381年に徐達が築いたことで山海関は現在の姿となった。高さ12mの城壁のうえに二層の楼閣が乗り、「天下第一関」の扁額がかけられた鎮東楼は、「天下第一関」として名高い（渤海に面した老

河北省

龍頭から数えて第一の関所であることを意味する)。明清交代時には呉三桂が山海関の守備についていたが、明の首都北京と愛妾陳円円が反乱軍の手に落ち、陳円円をとりもどすために呉三桂は関外の清軍と組み、山海関の門を開いたという逸話も伝わる。山海関は敵100に対して、味方2で守れるほど、強固な要塞だった。

山海関旧城 山海关旧城 shān hǎi guān jiù chéng
シャンハイグゥアンジィウチァァン [★★☆]

山海関は、大境門、居庸関、嘉峪関とともに長城四大関口の

Hebei　秦皇島城市案内

ひとつ。山海関旧城は万里の長城を東側の壁とし、要塞でありながら、規模の大きさから中国伝統都市のたたずまいをしていた。十字形に走る街区の中心には鼓楼があり、その四方には城壁がめぐらされて東門「天下第一関こと鎮東楼」と西門「迎恩門」、南門「望洋門」と北門「威遠門」が立っていた。また山海関最大の仏教寺院「大悲院」、軍隊駐屯所の「総兵府」、明清時代の四合院様式を今に伝える「王家大院」なども位置する。

【地図】秦皇島郊外(山海関・北戴河)

【地図】秦皇島郊外(山海関・北戴河)の [★★★]
- [ ] 山海関(天下第一関)山海关シャンハイグゥアン
- [ ] 老龍頭 老龙头ラァオロォントォウ

【地図】秦皇島郊外(山海関・北戴河)の [★★☆]
- [ ] 秦皇島 秦皇岛チィンフゥアンダァオ
- [ ] 孟姜女廟 孟姜女庙メェンジィアンヌウミャオ
- [ ] 北戴河 北戴河ベイダァイハア

【地図】秦皇島郊外(山海関・北戴河)の [★☆☆]
- [ ] 秦皇求仙入海処 秦皇求仙入海处
  チィンフゥアンチィウシィアンルウハァイチュウ

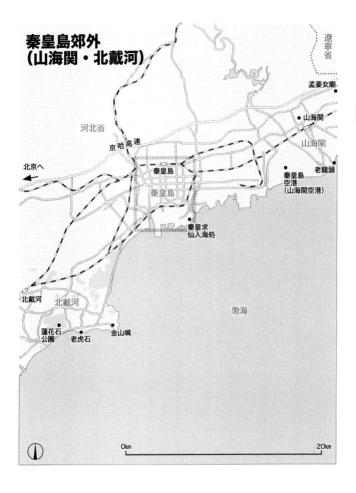

河北省

山海関長城 山海关长城 shān hǎi guān cháng chéng
シャンハイグゥアンチャンチャァン ［★★☆］

山海関から嘉峪関まで6000km以上を走る万里の長城。現在の長城は明代の1381年、徐達によって築かれた。この山海関長城内を「関内」、外を「関外」と呼ぶ。

老龍頭 老龙头 lǎo lóng tóu ラァオロォントォウ ［★★★］

万里の長城の東の果てで、渤海に沈んでいく老龍頭。中国では万里の長城を龍に見立て、老龍頭をその頭にたとえる。この老龍頭の正式名称を「寧海城」と言い、山海関同様、明代

▲左　伝統的な中国都市の様子が見られる山海関旧城。　▲右　北戴河には高級官僚や労働者の別荘がならぶ

初期（14世紀）に徐達によって建てられた。ここから渤海の雄大な眺めが見られ、高さ14.5m、二層の楼閣の「澄海楼」、渤海湾に向かって22.4m突き出した「入海石城」、海神をまつる「海神殿」、神媽祖がまつられた「天后宮」も立つ。

孟姜女廟 孟姜女庙
mèng jiāng nǚ miào メェンジィアンヌウミャオ [★★☆]

孟姜女物語は万里の長城築城にまつわる中国の民間伝承。水浴びをしていた孟姜女は、万喜良にその姿を見られ、やがてふたりは結婚する。しかし、すぐに始皇帝の命で万喜良が万

河北省

里の長城の築城工事に借り出され、ふたりは引き離されてしまう。夫を求めて山海関までやってきた孟姜女であったが、万喜良はすでに生命を落とし、それを知った孟姜女が涙を流すと、万里の長城は崩れた。そして、夫の遺骨を抱いた孟姜女は渤海に身を投げる、という『孟姜女』の物語は古くから親しまれてきた。この孟姜女廟は宋代（960〜1279年）以前に建てられ、明代の1594年に再建されている。108段の「長階段」、孟姜女の塑像を安置する「孟姜女殿」、夫を案じる孟姜女像の「眺望長城」、孟姜女の育て親の邸宅「孟宅と姜宅」、中庭をもつ「古戯楼」などが位置する。

秦皇島城市案内

北戴河 北戴河 běi dài hé ベイダァイハア ［★★☆］

海からの風が吹き、夏の過ごしやすさで知られる避暑地の北戴河。1893年、天津〜山海関の鉄道工事を行なっていたイギリス人技師によってこの砂浜が発見され、1898年、清朝は北戴河を外国人用の避暑地とした。1949年に中華人民共和国が成立すると、北戴河に中国人政治最高幹部の高級別荘や労働者の療養地がおかれた。また毎年、夏、中国最高指導者が集まる北戴河会議は、北京の中南海がそのままこの地にやってくると言われ、中国政治においてきわめて重要な意味をもつ。近年、この北戴河で秦代の行宮跡が発掘され、秦の

河北省

始皇帝（前259〜前210年）が巡行に訪れたという記録を裏づけるかたちになった。穏やかな波の寄せる砂浜に残る「老虎石」、連峰山、観音寺などの景勝地が位置する「蓮花石公園」が位置する。

Guide, Zhang Jia Kou
張家口城市案内

CHINA
河北省

「西口」のフフホトに対して
「東口」と呼ばれた張家口
草原と都北京を結んだ関門の街

張家口 张家口 zhāng jiā kǒu チャンジィアコウ ［★★★］

北京から北西のモンゴル高原、シベリアへと続く街道上に位置する張家口。街の北を万里の長城（外長城）が走り、そこから先は遊牧民たちの往来するモンゴル高原で、農耕世界と遊牧世界の関門となってきた。張家口の歴史は、明代の1429年、対モンゴルの最前線にあたるこの地に軍事堡塁が築かれたことにはじまる。続く清朝の領土がモンゴルも包括するものになると、張家口はモンゴルの物資と漢族の物資の交易の場となり、「カルガン（陸の港）」の名で知られるようになった（南から中国茶、北から毛皮が運ばれ、「チャイ」

というロシア語はここから伝わった)。17世紀のロシアのシベリア進出もあって、「カルガン」の名は西欧でも知られるようになったが、シベリア鉄道が開通すると張家口はその役割を終えた。20世紀に入ってからは大陸に移住した日本人が多く暮らし、日本傀儡の蒙疆政権の首都がおかれていた。張家口の街は清水河の東西に開け、南北に長い特徴的な構造をもつ。

怡安街 怡安街 yí ān jiē イイアンジエ ［★★☆］
張家口北駅近くの橋東に位置する怡安街。清水河の東側は

【地図】張家口

【地図】張家口の ［★★★］
- ☐ 張家口 张家口チャンジィアコウ
- ☐ 張家口堡 张家口堡チャンジィアコウバオ
- ☐ 大境門 大境门ダアジィンメン

【地図】張家口の ［★★☆］
- ☐ 怡安街 怡安街イイアンジエ
- ☐ 大境門長城 大境门长城ダアジィンメンチャンチャアン

【地図】張家口の ［★☆☆］
- ☐ 張家口市展覧館 张家口市展览馆 チャンジィアコウシイチャンラァングゥアン
- ☐ 察哈爾都統署旧址 察哈尔都统署旧址 チャァハアァドゥトォンシュウジィウチイ
- ☐ 水母宮 水母宮シュイムウゴォン
- ☐ 雲泉寺 云泉寺ユゥンチュゥエンスウ

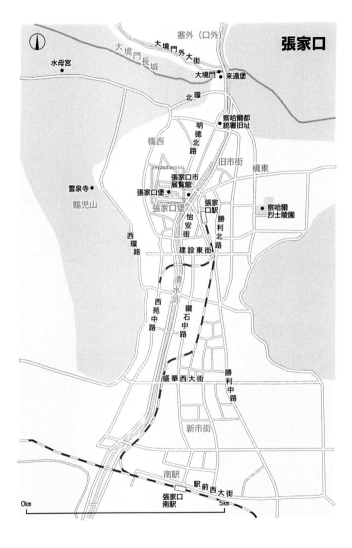

河北省

20世紀に入ってから開発が進んだ地域で、戦前、この地に多くの日本人が進出した（日本人街があった）。現在、怡安街界隈にはレストランや定食店が軒をつらねている。

張家口市展覧館 张家口市展览馆
zhāng jiā kǒu shì zhǎn lǎn guǎn
チャンジィアコウシイチャンラァングゥアン [★☆☆]

清水河にかかる清河橋のすぐそば、橋西の入口部に立つ張家口市展覧館。毛沢東が絶大な権力をにぎった1968年の創建で、当時の中国では、スターリン様式の影響を受けた建物が

▲左　万里の長城の最重要関門のひとつ大境門。　▲右　怡安街は戦前、浅草を思わせるにぎわいだったという

多く建てられた。張家口市展覧館前方の広場には、多くの市民が集まり、手をかかげる毛沢東像が立つ。

張家口堡 张家口堡
zhāng jiā kǒu bǎo チャンジィアコウバオ [★★★]

張家口堡は 1429 年、萬全都指揮使の張文帯が要塞をもうけた、言わば張家口発祥の地（その小北門を張家口と呼んだ）。もともとは軍事駐屯地で、1613 年、万里の長城すぐそばに来遠堡（上堡）が築かれると、こちらは下堡と呼ばれるようになった。銭舗や票荘などの旧式銀行、茶業、布荘、皮革商

【地図】張家口堡

【地図】張家口堡の［★★★］
- 張家口堡 张家口堡 チャンジィアコウバオ

【地図】張家口堡の［★☆☆］
- 張家口市展覧館 张家口市展览馆 チャンジィアコウシイチャンラァングゥアン

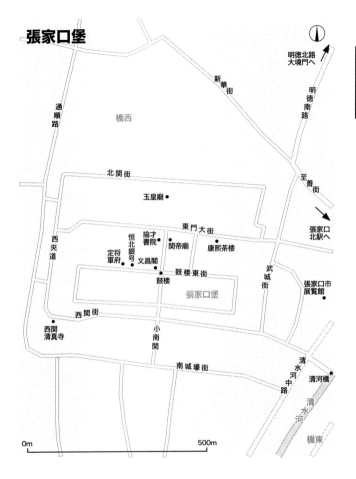

でにぎわい、商人たちにとって財神廟の性格をもった「玉皇廟」、清朝時代の1878年に設立された学校「掄才書院」、張家口堡の中心に立ち、ときを告げた「鼓楼」、イスラム寺院モスクの「西関清真寺」などが残る。

察哈爾都統署旧址 察哈尔都统署旧址 chá hā ěr dū tǒng shǔ jiù zhǐ チャァハアァアドゥトォンシュウジィウチイ[★☆☆]
清朝の1762年以来の伝統をもつ旧都統衙門の察哈爾都統署旧址。伝統的な四合院様式となっていて、蒙古連合自治政府（1939〜45年）時代、モンゴル族徳王の官邸がおかれていた。

▲左　路地が入り組んだ昔ながらの街並みが続く張家口堡。　▲右　黄色の屋根瓦がふかれた雲泉寺

大境門 大境门 dà jìng mén ダアジィンメン ［★★★］

1927年、最後の察哈爾都統、高維岳が揮毫した「大好河山」の扁額がかかげられた大境門。その名の通り、漢族の農耕世界とモンゴル族の遊牧生活の境となってきた。門の高さ12m、門の幅9mで、清朝順治帝の1644年に建てられた。この大境門内には1613年に築かれた来遠堡（上堡）があり、そこではモンゴル人を相手にした衣服、雑貨、馬具などがとり扱われ、「陸の港（カルガン）」とたたえられるにぎわいを見せていた。大境門外を「塞外」と呼び、清水河に合流する西溝にそって走る大境門外大街（西溝大街）には中国の物資

河北省

を求めるモンゴルやロシアの隊商がここに集まっていた。

大境門長城 大境门长城
dà jìng mén cháng chéng
ダアジィンメンチャンチャアン [★★☆]

モンゴル族の侵攻を防ぐ目的で明代(1368〜1644年)に築かれ、首都北京を防衛する内長城と外長城の二重の城壁のうち、外長城にあたる大境門長城。1449年、明の皇帝がモンゴルに拉致される土木の変が起こったこともあり、1485年、この大境門長城が整備された。「大境門」は長城にあって、

東端の「山海関」、西端の「嘉峪関」、北京を防衛する「居庸関（八達嶺長城近く）」とともに長城四大関口とされた。

水母宮 水母宮 shuǐ mǔ gōng シュイムウゴォン ［★☆☆］
雨を降らせる龍王の婦人「水母」をまつる道教寺院の水母宮。水母宮の湧き水は張家口の水源となったほか、大境門外に拠点を構える毛皮商人たちにとって、毛皮をなめすための貴重な水でもあった（張家口は「皮都」と呼ばれた）。清代の1782年の創建。

雲泉寺 云泉寺 yún quán sì ユゥンチュゥエンスウ［★☆☆］
明の洪武帝時代の1393年に創建された仏教寺院の雲泉寺。「塞外仏教第一寺」の文字が見え、山の斜面にそって黄色の屋根瓦のふかれた天王殿、大悲殿などの伽藍が展開する。この雲泉寺の立つ賜児山は、長らく張家口の景勝地として知られてきた。

河北省こぼればなし

CHINA
河北省

春秋戦国時代から明清時代にかけて
いつでも中国史の中心にあった河北省
北京、天津をあわせた大首都圏も注目されている

すべての道は北京に通ず

河北省の西端を南北400kmに渡って走り、山西省との省境となっている太行山脈。太行山脈東麓には古くからの主要交通路があり、道は北京から涿州、保定、石家荘（正定）、邢台、邯鄲、そして黄河や中原へ続いていた。安史の乱（755〜763年）の安禄山軍はこの街道にそって北京から洛陽にいたり、日中戦争（1937〜45年）時の日本軍も同様のルートで河北省の街を占領していった。また隋代に開かれた京杭大運河は河北省東部を通り、江南の物資が北方へ運ばれるなど、河北の地には北京へ続く交通路がいくつも走っていた。北京

Hebei 河北省こぼればなし

と江南を結ぶ街道や運河は近代以降、鉄道にとって替わられ、中国南北を結ぶ京漢鉄道（京広鉄道）沿いの石家荘が現在、河北省の省都となっている。

河北省の都市栄枯盛衰

春秋戦国時代、中国随一の繁栄を見せていた趙の都「邯鄲」、また保定北部の「燕下都」は、当時、最大規模の都市だった。邯鄲は漢代にはすたれたと言い、五胡十六国（304 〜 439 年）時代に入ると替わりに「鄴」、「邢台」といった都市が北方異民族の拠点となった。京杭大運河が開通した隋唐時代は、運

CHINA
河北省

河沿いの「大名」が栄え、北宋時代には北京（宋の北の都）と呼ばれた。同時に太行山脈を越える峠道と、北京と洛陽を結ぶ街道の交差する「正定（石家荘近郊）」が河北省を代表する街となっていた。また北宋、元代には北方世界と漢族世界の境界上の街として「保定」が台頭し、明清時代は「保定」が河北省（直隷省）の中心だった。この時代、北方のモンゴルやロシアとの軍事要塞、交易地として長城線にある「張家口」の地位が高まったことも特筆される。20世紀に入ると、鉄道の敷設が進み、東西と南北の鉄道が交差する「石家荘」が急速に発展を見せ、1968年以来、河北省の省都となった。

▲左 山海関は多くの観光客でにぎわっていた。 ▲右 屋根のうえの走獣に朝日がさす

そのほかにはアヘン戦争以後、開港された「天津」は長らく直隷省の管轄で、1949年の中華人民共和国成立後、河北省の省都となることもあったが、やがて直轄市として河北省から独立した。

河北省と万里の長城

長城がはじめて築かれたのは春秋戦国時代で、邯鄲の南部と張家口あたりに築かれた「趙の長城」、燕下都南の易水あたりの「燕の長城」、石家荘近郊の「中山国の長城」などが知られた。秦の始皇帝はこれらの長城をつなぎあわせて万里の

CHINA
河北省

長城を築いたが、その長城は今よりもはるか北にあった。現在、残る万里の長城は明代のもので、河北省北部の燕山山脈に沿うように走り、渤海に面する秦皇島近くの山海関が東端となっている。この万里の長城の関門のなかでも、東端の「山海関」、西端の「嘉峪関」、北京を防衛する「居庸関（八達嶺長城近く）」、張家口の「大境門」は長城四大関口と呼ばれ、うちふたつが河北省に位置する。また明代の長城は首都北京を守るように走っているため、太行山脈にそって南北に走る長城もあった。この長城は居庸関から、邢台あたりまで続き、内三関の「居庸関（北京）」「紫荊関」「倒馬関」のうち後者

Hebei 河北省こぼればなし

ふたつは河北省に位置する。さまざまな長城が見られる河北省は長城博物館にもたとえられる。

近代化と工業化のなかの河北省

アヘン戦争（1840〜42年）以後に開港された天津は西欧列強と中国朝廷の交渉の場となり、北洋大臣を兼ねた直隷総督が外交の責任者となった。西欧諸国は河北省に埋蔵されている豊富な鉱物、近代化に必要な鉄道敷設の利権を獲得することを目指して、この地に進出した。太行山脈、そして河北省に隣接する山西省の豊富な石炭と鉄鋼といった鉱物を港に運

CHINA
河北省

び出すための東西の鉄道、また北京と漢口を結び、それまでの京杭大運河に替わる京漢鉄道の二大鉄道が交わったのが河北省の石家荘で、1902年にほとんど何もなかった街は中国の近代化にあわせて急速に発展した。現在、北京と天津という二大直轄市に隣接し、豊富な鉱物を埋蔵する河北省では工業化のあおりを受けて環境問題も指摘されている。

Hebei 河北省こぼればなし

参考文献

『中国の歴史散歩１』（山口修ほか編 / 山川出版社）

『中国首都経済圏の発展のあり方に関する研究』（総合研究開発機構 / 全国官報販売協同組合）

『清代直隷の地域経済と李鴻章の直隷統治』（山本進 / 名古屋大学東洋史研究報告）

『オリンピックとともに河北省観光を楽しむ』（王恵麗 / 人民中国）

『承徳古建築』（天津大学建築系・承徳市文物局共編著 / 毎日コミュニケーションズ）

『近代石家庄城市化研究』（中国語）（李恵民 / 中華書局）

『世界大百科事典』（平凡社）

［PDF］石家荘 STAY（ホテル＆レストラン情報）http://machigotopub.com/pdf/shijiazhuangstay.pdf

［PDF］承徳 STAY（ホテル＆レストラン情報）http://machigotopub.com/pdf/chengdestay.pdf

［PDF］秦皇島 STAY（ホテル＆レストラン情報）http://machigotopub.com/pdf/qinhuangdaostay.pdf

［PDF］張家口 STAY（ホテル＆レストラン情報）http://machigotopub.com/pdf/zhangjiakoustay.pdf

まちごとパブリッシングの旅行ガイド
Machigoto INDIA , Machigoto ASIA , Machigoto CHINA

【北インド - まちごとインド】

001 はじめての北インド
002 はじめてのデリー
003 オールド・デリー
004 ニュー・デリー
005 南デリー
012 アーグラ
013 ファテープル・シークリー
014 バラナシ
015 サールナート
022 カージュラホ
032 アムリトサル

【西インド - まちごとインド】

001 はじめてのラジャスタン
002 ジャイプル
003 ジョードプル
004 ジャイサルメール
005 ウダイプル
006 アジメール(プシュカル)
007 ビカネール
008 シェカワティ
011 はじめてのマハラシュトラ
012 ムンバイ
013 プネー
014 アウランガバード
015 エローラ
016 アジャンタ
021 はじめてのグジャラート
022 アーメダバード
023 ヴァドダラー(チャンパネール)
024 ブジ(カッチ地方)

【東インド - まちごとインド】

002 コルカタ
012 ブッダガヤ

【南インド - まちごとインド】

001 はじめてのタミルナードゥ
002 チェンナイ
003 カーンチプラム
004 マハーバリプラム
005 タンジャヴール
006 クンバコナムとカーヴェリー・デルタ
007 ティルチラパッリ
008 マドゥライ
009 ラーメシュワラム
010 カニャークマリ
021 はじめてのケーララ
022 ティルヴァナンタプラム
023 バックウォーター(コッラム〜アラップーザ)
024 コーチ(コーチン)
025 トリシュール

【ネパール - まちごとアジア】

001 はじめてのカトマンズ
002 カトマンズ
003 スワヤンブナート

004 パタン
005 バクタプル
006 ポカラ
007 ルンビニ
008 チトワン国立公園

【バングラデシュ - まちごとアジア】

001 はじめてのバングラデシュ
002 ダッカ
003 バゲルハット（クルナ）
004 シュンドルボン
005 プティア
006 モハスタン（ボグラ）
007 パハルプール

【パキスタン - まちごとアジア】

002 フンザ
003 ギルギット（KKH）
004 ラホール
005 ハラッパ
006 ムルタン

【イラン - まちごとアジア】

001 はじめてのイラン
002 テヘラン
003 イスファハン
004 シーラーズ
005 ペルセポリス
006 パサルガダエ（ナグシェ・ロスタム）
007 ヤズド
008 チョガ・ザンビル（アフヴァーズ）
009 タブリーズ

010 アルダビール

【北京 - まちごとチャイナ】

001 はじめての北京
002 故宮（天安門広場）
003 胡同と旧皇城
004 天壇と旧崇文区
005 瑠璃廠と旧宣武区
006 王府井と市街東部
007 北京動物園と市街西部
008 頤和園と西山
009 盧溝橋と周口店
010 万里の長城と明十三陵

【天津 - まちごとチャイナ】

001 はじめての天津
002 天津市街
003 浜海新区と市街南部
004 薊県と清東陵

【上海 - まちごとチャイナ】

001 はじめての上海
002 浦東新区
003 外灘と南京東路
004 淮海路と市街西部
005 虹口と市街北部
006 上海郊外（龍華・七宝・松江・嘉定）
007 水郷地帯（朱家角・周荘・同里・甪直）

【河北省 - まちごとチャイナ】

001 はじめての河北省
002 石家荘
003 秦皇島
004 承徳
005 張家口
006 保定
007 邯鄲

【江蘇省 - まちごとチャイナ】

001 はじめての江蘇省
002 はじめての蘇州
003 蘇州旧城
004 蘇州郊外と開発区
005 無錫
006 揚州
007 鎮江
008 はじめての南京
009 南京旧城
010 南京紫金山と下関
011 雨花台と南京郊外・開発区
012 徐州

【浙江省 - まちごとチャイナ】

001 はじめての浙江省
002 はじめての杭州
003 西湖と山林杭州
004 杭州旧城と開発区
005 紹興
006 はじめての寧波
007 寧波旧城
008 寧波郊外と開発区
009 普陀山
010 天台山
011 温州

【福建省 - まちごとチャイナ】

001 はじめての福建省
002 はじめての福州
003 福州旧城
004 福州郊外と開発区
005 武夷山
006 泉州
007 厦門
008 客家土楼

【広東省 - まちごとチャイナ】

001 はじめての広東省
002 はじめての広州
003 広州古城
004 天河と広州郊外
005 深圳（深セン）
006 東莞
007 開平（江門）
008 韶関
009 はじめての潮汕
010 潮州
011 汕頭

【遼寧省 - まちごとチャイナ】

001 はじめての遼寧省
002 はじめての大連
003 大連市街
004 旅順
005 金州新区

006 はじめての瀋陽
007 瀋陽故宮と旧市街
008 瀋陽駅と市街地
009 北陵と瀋陽郊外
010 撫順

【重慶 - まちごとチャイナ】

001 はじめての重慶
002 重慶市街
003 三峡下り（重慶〜宜昌）
004 大足

【香港 - まちごとチャイナ】

001 はじめての香港
002 中環と香港島北岸
003 上環と香港島南岸
004 尖沙咀と九龍市街
005 九龍城と九龍郊外
006 新界
007 ランタオ島と島嶼部

【マカオ - まちごとチャイナ】

001 はじめてのマカオ
002 セナド広場とマカオ中心部
003 媽閣廟とマカオ半島南部
004 東望洋山とマカオ半島北部
005 新口岸とタイパ・コロアン

【Juo-Mujin（電子書籍のみ）】

Juo-Mujin 香港縦横無尽
Juo-Mujin 北京縦横無尽
Juo-Mujin 上海縦横無尽

【自力旅游中国 Tabisuru CHINA】

001 バスに揺られて「自力で長城」
002 バスに揺られて「自力で石家荘」
003 バスに揺られて「自力で承徳」
004 船に揺られて「自力で普陀山」
005 バスに揺られて「自力で天台山」
006 バスに揺られて「自力で秦皇島」
007 バスに揺られて「自力で張家口」
008 バスに揺られて「自力で邯鄲」
009 バスに揺られて「自力で保定」
010 バスに揺られて「自力で清東陵」
011 バスに揺られて「自力で潮州」
012 バスに揺られて「自力で汕頭」
013 バスに揺られて「自力で温州」

【車輪はつばさ】
南インドのアイラヴァテシュワラ寺院には建築本体に車輪がついていて寺院に乗った神さまが人びとの想いを運ぶと言います。

- 本書はオンデマンド印刷で作成されています。
- 本書の内容に関するご意見、お問い合わせは、発行元のまちごとパブリッシング info@machigotopub.com までお願いします。

まちごとチャイナ
河北省001はじめての河北省
～石家荘・承徳・秦皇島・張家口［モノクロノートブック版］

2017年11月14日　発行

著　者	「アジア城市（まち）案内」制作委員会
発行者	赤松　耕次
発行所	まちごとパブリッシング株式会社 〒181-0013　東京都三鷹市下連雀4-4-36 URL http://www.machigotopub.com/
発売元	株式会社デジタルパブリッシングサービス 〒162-0812　東京都新宿区西五軒町11-13 清水ビル3F
印刷・製本	株式会社デジタルパブリッシングサービス URL http://www.d-pub.co.jp/

MP164

ISBN978-4-86143-298-9 C0326　　　　Printed in Japan
本書の無断複製複写（コピー）は、著作権法上での例外を除き、禁じられています。